anythink

LOS NIÑOS Y LA CIENCIA
Las estaciones

EL OTOÑO

Aaron Carr

www.av2books.com

AV² BY WEIGL
SPANISH & ENGLISH eBOOKS
ADDED VALUE • AUDIO VISUAL

Visita nuestro sitio **www.av2books.com** e ingresa el código único del libro.
Go to www.av2books.com, and enter this book's unique code.

CÓDIGO DEL LIBRO
BOOK CODE

B675170

AV² de Weigl te ofrece enriquecidos libros electrónicos que favorecen el aprendizaje activo. AV² by Weigl brings you media enhanced books that support active learning.

El enriquecido libro electrónico AV² te ofrece una experiencia bilingüe completa entre el inglés y el español para aprender el vocabulario de los dos idiomas.

This AV² media enhanced book gives you a fully bilingual experience between English and Spanish to learn the vocabulary of both languages.

Spanish

English

Navegación bilingüe AV²
AV² Bilingual Navigation

CERRAR
CLOSE

INICIO
HOME

CHANGE LANGUAGE
ENGLISH SPANISH
OPCIÓN DE IDIOMA
LANGUAGE TOGGLE

CAMBIAR LA PÁGINA
PAGE TURNING
BACK NEXT

La primavera es una época de cambios. Los días se hacen más largos y las noches se hacen más cortas.

EBOOK
CHANGE LANGUAGE
ENGLISH SPANISH
BACK NEXT

VISTA PRELIMINAR
PAGE PREVIEW

LOS NIÑOS Y LA CIENCIA

Las estaciones

EL OTOÑO

CONTENIDO

3

Hay cuatro estaciones en un año.
El otoño es una de las estaciones.

4

Verano

Otoño

El otoño llega después del verano y antes del invierno.

Primavera

Invierno

5

6

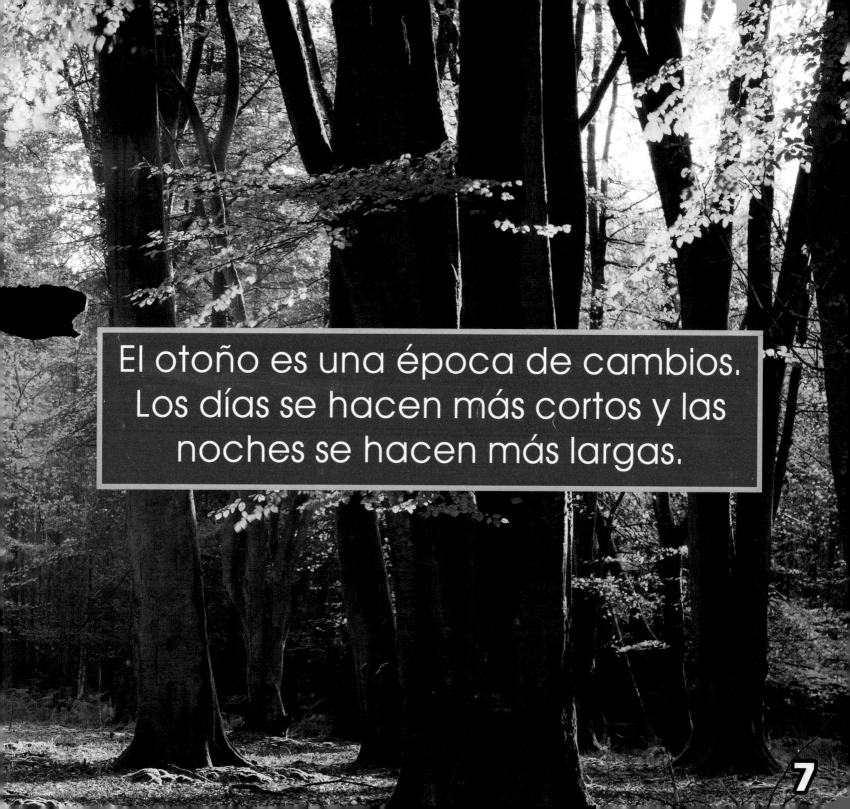

El otoño es una época de cambios.
Los días se hacen más cortos y las
noches se hacen más largas.

En algunas zonas de Alaska, el sol se pone en noviembre.
El sol no vuelve a salir hasta enero.

El clima comienza a
cambiar en el otoño.
El clima de verano se
vuelve más frío.

Hay más lluvias en el
otoño que en el verano.
En el otoño incluso puede nevar.

11

El otoño es cuando los animales se preparan para el invierno. El pelaje de algunos animales se hace más grueso para mantenerlos cálidos.

Algunos animales cambian de color en el otoño. Esto los ayuda a ocultarse en la nieve.

15

Algunos animales se mueven a un nuevo hogar en el otoño. Las ballenas jorobadas nadan miles de millas para encontrar aguas más cálidas en el otoño.

Muchas aves vuelan a lugares más cálidos en el otoño.

Las plantas también cambian en el otoño. El otoño es cuando las hojas cambian de color.

Las hojas verdes se vuelven amarillas, rojas, naranjas o marrones durante el otoño.

19

El otoño es cuando los agricultores recogen sus frutas y hortalizas. Esto se llama cosecha. El maíz, las manzanas, las calabazas y los nabos se recogen en el otoño.

La luna puede verse grande y de color rojo en el otoño. A esto se llama luna de la cosecha.

Cuestionario sobre el otoño

Evalúa lo que has aprendido acerca del otoño.
En la otoño ocurren muchos cambios.
¿Qué cambios puedes ver en estas imágenes?

¡Visita www.av2books.com para disfrutar de tu libro interactivo de inglés y español!

Check out www.av2books.com for your interactive English and Spanish ebook!

1 **Entra en www.av2books.com**
Go to www.av2books.com

2 **Ingresa tu código**
Enter book code

B 6 7 5 1 7 0

3 **¡Alimenta tu imaginación en línea!**
Fuel your imagination online!

www.av2books.com

Published by AV² by Weigl
350 5th Avenue, 59th Floor New York, NY 10118
Website: www.av2books.com   www.weigl.com

Library of Congress Control Number: 2014933373

ISBN 978-1-4896-2207-5 (hardcover)
ISBN 978-1-4896-2208-2 (single-user eBook)
ISBN 978-1-4896-2209-9 (multi-user eBook)

Printed in the United States of America in North Mankato, Minnesota
1 2 3 4 5 6 7 8 9 0 18 17 16 15 14

042014
WEP280314

Project Coordinator: Jared Siemens
Spanish Editor: Translation Cloud LLC
Art Director: Terry Paulhus

24